La vida de una rana

Dona Herweck Rice

Asesor

Timothy Rasinski, Ph.D.
Kent State University

Créditos

Dona Herweck Rice, *Gerente de redacción*
Robin Erickson, *Directora de diseño y producción*
Lee Aucoin, *Directora creativa*
Conni Medina, M.A.Ed., *Directora editorial*
Ericka Paz, *Editora asistente*
Stephanie Reid, *Editora de fotos*
Rachelle Cracchiolo, M.S.Ed., *Editora comercial*

Basado en los escritos de *TIME For Kids*.

TIME For Kids y el logotipo de *TIME For Kids* son marcas registradas de TIME Inc.
Usado bajo licencia.

Teacher Created Materials

5301 Oceanus Drive
Huntington Beach, CA 92649-1030
http://www.tcmpub.com
ISBN 978-1-4333-4419-0
© 2012 Teacher Created Materials, Inc.

Todo empieza en una **charca**.

Esta es la casa de la rana madre.

Está lista para tener crías.

Pone los huevos en el
agua. Cada huevo puede
convertirse en una rana.

Los **renacuajos** nacen del cascarón de los huevos.

El renacuajo se parece a
un pez pequeño.

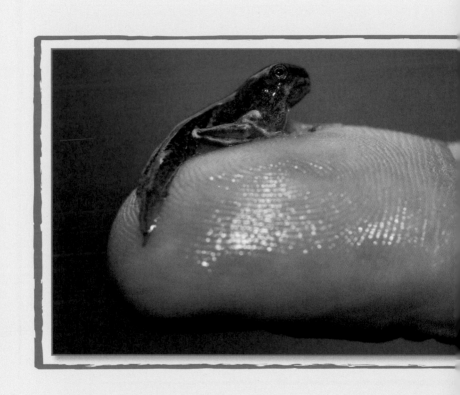

El renacuajo crece.

¡Se parece a un pez con dos patas!

Luego, le crecen cuatro
patas.

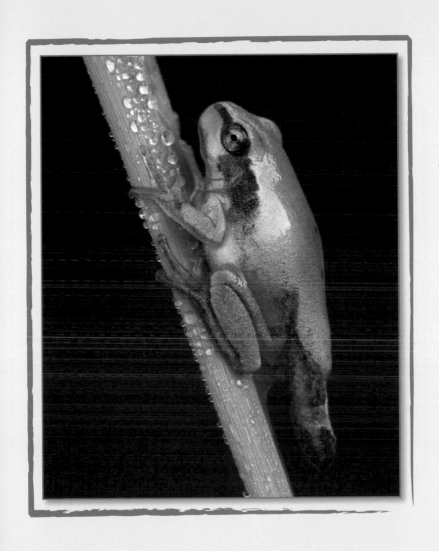

Ahora se parece más a una rana.

Cada rana joven se convierte en una rana adulta.

La rana se parece a su
madre y padre.

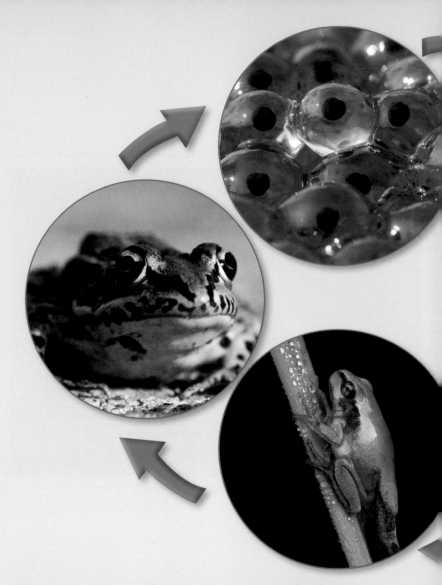

Entonces la rana adulta
también puede tener
renacuajos.

Todo empezará de nuevo.

Esta es la vida de una rana.

Glosario

charca

rana

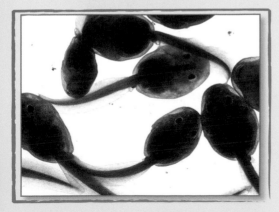

renacuajos

Palabras para aprender

adulta	nacen
charca	padre
crece	patas
crías	pez
convertirse	pone
empieza	rana
huevos	renacuajos
joven	vida
madre	